O dan y môr

Fiona Patchett
Dylunio gan Zöe Wray

Lluniau gan Tetsuo Kushii a Zöe Wray
Ymgynghorydd: Dr. Margaret Rostron
Addasiad Cymraeg: Elin Meek

Cynnwys

- 3 Byw o dan y môr
- 4 Dolffiniaid
- 6 Siarcod
- 8 Slefrod môr
- 10 Lledod
- 12 Octopws
- 14 Crwbanod y môr
- 16 Bwganod a cheffylau
- 18 Pysgod cyflym
- 20 Gwylia!
- 22 Pengwiniaid
- 24 Morfilod mawr
- 26 Ger gwely'r môr
- 28 Plymwyr
- 30 Geirfa o dan y môr
- 31 Gwefannau diddorol
- 32 Mynegai

Byw o dan y môr

Mae llawer o greaduriaid rhyfeddol yn byw o dan y môr. Mae rhai moroedd yn gynnes a rhai'n oer. Mae rhai yn ddwfn, a rhai yn fas.

Mae'r pysgod llachar hyn yn byw mewn môr bas.

Dolffiniaid

Mae dolffiniaid yn byw mewn moroedd cynnes ac oer. Mae ganddyn nhw gyrff llyfn sy'n eu helpu i nofio'n gyflym iawn.

Mae dolffiniaid yn anadlu drwy dwll ar gopa eu pennau. Twll aer yw'r enw arno.

Mae'r dolffin yn nofio i'r wyneb.

Mae'n anadlu allan gan dasgu dŵr i fyny.

Mae'n anadlu i mewn cyn plymio eto.

Os bydd dolffin yn sâl, bydd dolffiniaid eraill yn gofalu amdano.

Mam â dau ddolffin bach

Mae'r fam yn dysgu'r dolffin bach i anadlu. Mae hi'n ei ddysgu i chwilio am fwyd.

Siarcod

Mae gan siarcod sawl rhes o ddannedd miniog. Fel arfer maen nhw'n bwyta pysgod, môr-lewys neu forloi.

Dyma siarc mawr gwyn.
Dyma'r siarc mwyaf peryglus.

Sawl rhes o ddannedd fedri di weld?

Dyma siarc morfilaidd. Dyma'r pysgodyn mwyaf yn y môr.

Siarc maco yw'r siarc cyflymaf.

Mae gan siarc pen morthwyl lygad ar bob ochr i'w ben llydan.

Mae rhai siarcod morfilaidd yn hirach na bws!

Slefrod môr

Does gan slefrod môr ddim ymennydd nac esgyrn. Maen nhw'n edrych fel swigod sy'n hofran yn y môr. Mae gan rai dentaclau sy'n pigo.

Mae gan y slefren hon freichiau cyrliog sy'n hongian i lawr.

Hefyd mae ganddi dentaclau hir, tenau.

Mae pysgodyn yn nofio i'r tentaclau.

Mae'n cael ei bigo sawl gwaith.

Mae'r breichiau'n ei wthio i'r geg.

Dyma slefrod wyneb i waered. Does dim tentaclau hir ganddyn nhw.

Mae gan rai slefrod dentaclau sydd mor hir â chae pêl-droed!

Lledod

Mae rhai pysgod yn fflat. Mae rhai'n gallu newid lliw eu croen er mwyn cuddio rhag pysgod eraill.

Mae lleden frech yn diflannu i'r mwd ar wely'r môr.

Mae'n nofio dros dywod. Mae'r croen yn newid i edrych fel y tywod.

Fel arfer, mae gan ledod ddau lygad ar ben eu cyrff, fel y lleden amryliw hon.

Mae gan forgathod gyrff gwastad.

Maen nhw'n nofio drwy symud eu hesgyll enfawr i fyny ac i lawr, fel adenydd.

Mae morgathod trydanol yn rhoi sioc drydan i bysgod. Wedyn maen nhw'n eu bwyta nhw.

Octopws

Mae rhai creaduriaid y môr, fel llyswennod, yn hoffi bwyta octopws. Pan fydd ofn ar octopws, mae'n cuddio mewn cwmwl o inc.

Llysywen

Octopws

Mae'r llysywen yn barod i ymosod ar yr octopws.

Mae'r octopws yn chwistrellu cwmwl o inc.

Mae'r octopws yn symud i ffwrdd ar frys.

Mae gan octopws wyth braich sy'n gryf iawn.

Mae llawer o sugnolynau ar y breichiau.

Mae octopws yn defnyddio'r sugnolynau i fachu bwyd.

Crwbanod y môr

Mae crwbanod y môr yn byw mewn moroedd cynnes. Maen nhw'n dodwy eu hwyau ar y tir. Mae ganddyn nhw gorff meddal a chragen galed i'w amddiffyn.

Mae'r crwban gwyrdd hwn yn defnyddio'i esgyll i nofio.

Mae crwban môr yn pwyso tua'r un faint ag oedolyn.

Mae'r crwban yn dod o hyd i'r traeth lle cafodd ei geni i ddodwy ei hwyau.

Mae hi'n dodwy'r wyau mewn twll ac yn eu cuddio â thywod.

Mae crwbanod bach yn deor o'r wyau. Maen nhw'n mynd am y môr.

Mae'r crwban yma'n deor o'i wy.

Bwganod a cheffylau

Mae bwganod a cheffylau'n byw o dan y môr. Morfeirch a bwganod môr ydyn nhw.

Dyma fwgan môr deiliog. Mae rhannau o'i gorff yn hir ac yn wyrdd.

Mae'n hawdd i fwganod môr guddio achos maen nhw'n edrych fel gwymon.

Math o bysgod yw morfeirch.

Maen nhw'n nofio'n unionsyth.

Maen nhw'n sugno anifeiliaid bach i'w cegau.

Os yw morfarch eisiau aros yn yr unfan, mae'n bachu ei gynffon wrth blanhigyn.

Pysgod cyflym

Mae rhai pysgod yn gallu symud yn gyflym iawn drwy'r môr. Mae rhai'n gallu neidio i'r awyr hyd yn oed.

Dyma bysgod hedegog. Maen nhw'n gallu hofran dros y dŵr am 45 eiliad.

Mae eu cwt yn eu helpu i nofio'n gynt.

Maen nhw'n siglo eu cwt i neidio i'r awyr.

Maen nhw'n agor eu hesgyll ac yn hofran.

Dyma hwylbysgodyn.

Mae ganddo sbigyn uwchben ei geg. Pig yw'r enw arno. Mae'n ei ddefnyddio i ymosod ar bysgod i'w bwyta.

Hwylbysgod yw'r pysgod cyflymaf yn y môr.

Maen nhw'n gallu neidio'n uchel allan o'r dŵr.

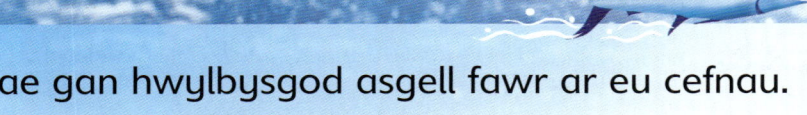

Mae gan hwylbysgod asgell fawr ar eu cefnau. Mae'n edrych fel hwyl cwch.

Gwylia!

Mae gan bysgod driciau clyfar i godi ofn ar bysgod eraill. Mae dreigbysgod yn siglo'u drain hir, gwenwynig i godi ofn ar bysgod eraill.

Dreigbysgodyn

Mae siarc wedi gweld pysgodyn dreiniog.

Mae'r pysgodyn dreiniog yn chwyddo fel balŵn.

Mae'n rhy anodd ei fwyta. Mae'r siarc yn mynd.

Mae rhai pysgod yn nofio mewn grŵp o'r enw haig. Efallai bod pysgod eraill yn meddwl mai un pysgodyn mawr yw'r haig.

Pengwiniaid

Mae pengwiniaid yn plymio i'r môr i ddal pysgod, môr-lewys ac anifeiliaid bach y môr i'w bwyta.

Dyma bengwiniaid cribfelyn. Maen nhw'n plymio o greigiau neu iâ.

Adar yw pengwiniaid ond dydyn nhw ddim yn gallu hedfan. Mae 17 math o bengwin.

Maen nhw'n neidio allan o'r môr. Maen nhw'n anadlu'n ddwfn ac yn plymio eto.

Mae pengwiniaid yn nofio'n gyflym iawn i ddal eu bwyd.

Morfilod mawr

Morfilod yw'r anifeiliaid mwyaf yn y môr. Mae'r morfil gwyn yn plymio'n ddwfn i ddod o hyd i fwyd. Mae'n nofio i'r wyneb i anadlu.

Dyma forfil gwyn. Mae'n gallu dal ei anadl am dros awr wrth blymio.

Wrth blymio, mae'n taflu ei gwt i fyny.

Felly mae'n gallu plymio'n ddyfnach.

Mae morfilod gwyn yn bwyta môr-lewys.
Mae rhai môr-lewys enfawr mor hir â morfil.

Mae morfilod cefngrwm yn nofio ger wyneb y dŵr. Maen nhw'n gwneud synau sy'n swnio fel canu. Does neb yn gwybod pam.

Ger gwely'r môr

Mae hi'n dywyll ac oer iawn ger gwely'r môr. Mae pysgod rhyfedd yn byw yno. Mae gan lawer ohonyn nhw gegau mawr a dannedd miniog.

Mae gan bysgod gwiber ddannedd hir iawn.

Mae golau gan fôr-lyffantod uwch eu cegau. Maen nhw'n bwyta'r pysgod sy'n nofio'n agos.

Mae llygaid mawr gan fwyeill môr ar gopa eu pennau.

Mae ceg enfawr gan lowcwyr.

Does dim llawer i'w fwyta'n ddwfn yn y môr. Mae pysgod yn aros i anifeiliaid marw suddo atyn nhw.

Plymwyr

Mae plymwyr yn gwisgo dillad arbennig er mwyn gallu nofio o dan y dŵr.

Esgyll

Mae aer yn y tanc hwn. Mae'n helpu'r plymiwr i anadlu o dan y dŵr.

Mae plymwyr yn gwisgo esgyll i'w helpu i nofio.

O dan y dŵr, mae plymwyr yn defnyddio'u dwylo i siarad â phlymwyr eraill.

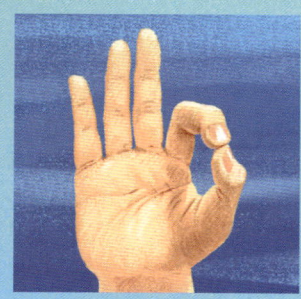 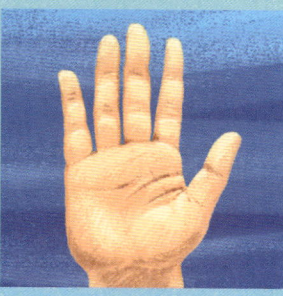 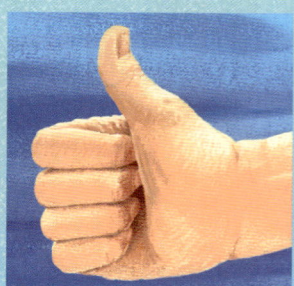

'Popeth yn iawn' yw hyn.

'Stop' neu 'aros' yw hyn.

'Dwi'n mynd i'r wyneb' yw hyn.

Mae rhai plymwyr yn mynd i weld llongddrylliadau.

Weithiau maen nhw'n gweld hen bethau, fel potiau.

Mae rhai plymwyr yn edrych ar y planhigion a'r pysgod sy'n byw yn y môr.

Mae llawer o longddrylliadau o dan y môr sydd heb gael eu darganfod.

Geirfa o dan y môr

Dyma rai o'r geiriau yn y llyfr hwn sy'n newydd i ti, efallai. Mae'r dudalen hon yn rhoi'r ystyr i ti.

twll aer – twll ar gopa pen dolffin. Mae'n ei ddefnyddio i anadlu.

tentaclau – rhannau hir slefren fôr. Maen nhw'n gallu pigo.

esgyll – rhannau pysgodyn. Maen nhw'n helpu pysgod i nofio. Mae plymwyr yn gwisgo esgyll plastig i'w helpu i nofio.

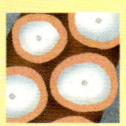
sugnolyn – pad bach crwn. Mae'n gallu gludio wrth greigiau a physgod.

gwenwynig – mae rhywbeth gwenwynig yn gallu dy ladd di. Mae gan rai pysgod sbigynnau gwenwynig.

drain – darnau pigog sydd ar gorff pysgodyn.

Gwefannau diddorol

Mae llawer o wefannau diddorol i ymweld â nhw i ddysgu rhagor am fywyd o dan y môr.

I ymweld â'r gwefannau hyn, cer i **www.usborne-quicklinks.com**.
Darllena ganllawiau diogelwch y Rhyngrwyd, ac yna teipia'r geiriau allweddol "beginners sea".

Caiff y gwefannau hyn eu hadolygu'n gyson a chaiff y dolenni yn 'Usborne Quicklinks' eu diweddaru. Fodd bynnag, nid yw Usborne Publishing yn gyfrifol, ac nid yw chwaith yn derbyn atebolrwydd, am gynnwys neu argaeledd unrhyw wefan ac eithrio'i wefan ei hun. Rydym yn argymell i chi oruchwylio plant pan fyddant ar y Rhyngrwyd.

Mynegai

bwganod môr, 16
bwyeill môr, 27
crwbanod môr, 14-15
dolffiniaid, 4-5
drain, 20, 30
dreigbysgod, 20
esgyll, 11, 18, 19, 28, 30
haig o bysgod, 21
hwylbysgod, 19
lleden frech, 10
lledod, 10-11
llongddrylliadau, 29
llowcwyr, 27
llyswennod, 12, 27
morgathod, 11
morfeirch, 17

morfilod, 24-25
môr-lewys, 6, 22, 25
môrlyffantod, 26
octopws, 12-13
pengwiniaid, 22-23
pig, 19
plymwyr, 28-29
pysgod dreiniog, 21
pysgod gwenwynig, 20, 30
pysgod gwiber, 26
pysgod hedegog, 18
siarcod, 6-7, 21
slefrod môr, 8-9
sugnolynau, 13, 30
tentaclau, 8, 9, 30
twll aer, 4, 30

Cydnabyddiaeth

Golygydd: Fiona Watt, Dylunydd: Mary Cartwright
Gyda diolch i Mark Lazenby yn PADI International Ltd.

Lluniau

Mae'r cyhoeddwyr yn ddiolchgar i'r canlynol am yr hawl i atgynhyrchu eu deunydd:
ⓗ **Alamy:** 29 (Jan Wassmann). **Ardena London:** 8 (Ken Lucas), clawr, 24-25 (François Gohier).
Bruce Coleman: 4 (Pacific Stock), 5 (Jeff Foott), 9 (Pacific Stock), 13 (Pacific Stock), 16 (Jim Watt), 18 (Kim Taylor), 19 (Pacific Stock. **Corbis:** 10 (Stephen Frink), 14 (Kennan Ward), 20 (Amos Nachoum). **Digital Vision:** cover background, 2-3, 30-31, 32. **FLPA:** 15 (Iwago).
Natural History Photographic Agency: 1 (B. Jones a M. Shimlock), 17 (Daniel Heuclin).
Oxford Scientific Films: 11 (David B. Fleetham). **Still Pictures:** 6 (Kevin Aitken).

Cyhoeddwyd gyda chefnogaeth Llywodraeth Cynulliad Cymru.

Cyhoeddwyd gyntaf yn 2002 gan Usborne Publishing Ltd., Usborne House, 83-85 Saffron Hill, Llundain EC1N 8RT.
Cyhoeddwyd gyntaf yng Nghymru yn 2010 gan Wasg Gomer, Llandysul, Ceredigion, SA44 4JL.
www.gomer.co.uk
Cedwir pob hawl. Argraffwyd yn China.

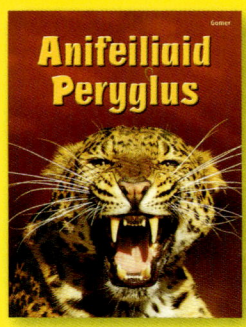

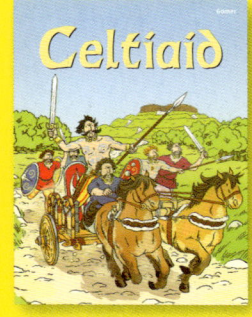

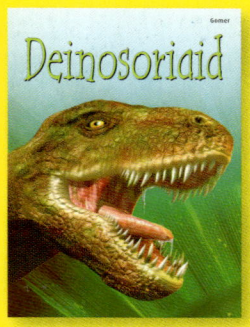
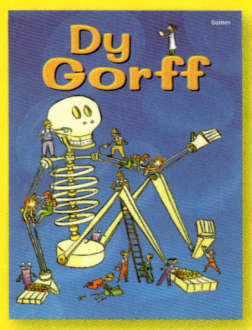
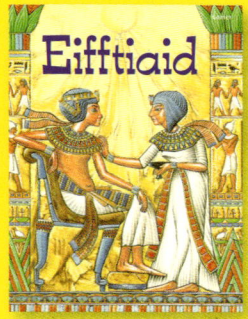